Fruchtige Holundercreme S. 18

Kaffee-Zabaione S. 68

Zaubern Sie! Zeigen Sie Ihre Kreativität! Verwöhnen Sie Ihre Familie und Ihre Gäste! Mit den Rezepten für „Leckere Einfache Nachspeisen" in diesem Buch wird Ihnen das mühelos gelingen.

Was Sie brauchen, sind einige Basiszutaten wie z. B. Milch, Sahne, Zucker und Eier. Dazu gesellen sich leckere gesunde Früchte wie z. B. Erdbeeren, Himbeeren, Mango, Grapefruit & Co. Natürlich dürfen auch Schokolade, Mandeln oder Feigen als köstliche Komponenten für ein Genießer-Dessert nicht fehlen.

Vorwor

In diesem Buch finden Sie Dessert-Rezepte, für deren Umsetzung Sie überwiegend nicht viel Übung brauchen und auch nicht übermäßig viel Zeit einkalkulieren müssen. Ruck, zuck sind die köstlichsten Cremes und Mousses mit Mixer und Schneebesen in der eigenen Küche umgesetzt: Kreationen, die Sie sonst eher in guten Restaurants bestaunen und dort in vollen Zügen genießen.

Jetzt sind Sie selbst am Zug. Wie wäre es mit einer kleinen Schokoladencreme oder einem geeisten Ananassoufflé? Für die Experimentierfreudigen unter Ihnen wäre u. a. eine Mousse mit Earl-Grey-Tee „im Angebot".

Einfach loslegen heißt hier die Devise – und nach Lust, Laune und geschmacklicher Vorliebe einige der „Leckere Einfache Nachspeisen" in die Tat umsetzen.

Ich wünsche Ihnen viel Spaß dabei und gutes Gelingen.

Sabine Deing-Westphal

LECKERE Einfache Nachspeisen

schokoladig …

cremig …

fruchtig …

schaumig & leicht …

schokoladig …

Kleine Schokoladencreme

ZUTATEN *(für 6 Personen)*
500 ml Milch
100 g Zucker
4 Eigelb
20 g Stärkemehl
100 g Bitterschokolade

Kleine Schokoladencreme

ZUBEREITUNG

IN EINEM TOPF die Milch aufkochen. Eigelb mit Zucker in einer Schüssel weiß-schaumig aufschlagen. Dann das Stärkemehl darüber sieben und unterziehen.

DIE KOCHENDE MILCH über die Eigelbmischung gießen. Dann das Ganze zurück in den Topf geben und kräftig rühren, bis die Masse andickt. Von der heißen Herdplatte nehmen.

DIE KLEIN GESCHNITTENE Schokolade hinzufügen und so lange in der heißen Creme verrühren, bis sie geschmolzen ist.

DIE SCHOKOLADENCREME abschließend in 6 Dessertschälchen geben, erkalten lassen und für 2 Stunden in den Kühlschrank stellen.

ZUTATEN *(für 4 Personen)*
100 g dunkle Kuvertüre
100 g weiße Kuvertüre
3 Blatt weiße Gelatine
4 Eigelb
100 g Zucker
250 ml geschlagene Sahne
Weinbrand
6–8 hauchdünn geschnittene Erdbeeren

Marmorierte Schokoladenmousse

AUF ERDBEERCARPACCIO

ZUBEREITUNG

DIE KUVERTÜREN getrennt über einem kochenden Wasserbad schmelzen. Die Gelatine in kaltem Wasser einlegen.

FÜR DIE DUNKLE MOUSSE 2 Eigelb mit 50 g Zucker heiß, also über kochendem Wasser, mit einem Schneebesen aufschlagen. Ein Blatt Gelatine dazugeben. Gut verrühren und dann die dunkle Kuvertüre, 125 g geschlagene Sahne und etwas Weinbrand unterrühren.

FÜR DIE HELLE MOUSSE noch einmal 2 Eigelb mit 50 g Zucker heiß mit einem Schneebesen aufschlagen. Zwei Blatt Gelatine dazugeben. Gut verrühren und dann die weiße Kuvertüre, 125 g geschlagene Sahne und etwas Weinbrand unterrühren.

DANN ZUNÄCHST die weiße und dann die dunkle Masse in eine Form füllen und in der Tiefkühltruhe oder im Gefrierfach frosten.

DIE MARMORIERTE Schokoladenmousse auf den Erdbeerscheibchen servieren.

Marmorierte Schokoladenmousse

AUF ERDBEERCARPACCIO

Mousse au chocolat

TIPP: *Diese Mousse kann man auch mit Zartbitterschokolade mit einem Kakaoanteil von 70 % zubereiten. Serviervarianten: Die Mousse in Dessertgläsern auf einem Fruchtspiegel servieren oder mit frischen Früchten garnieren. Ein „schokoladig-fruchtiges“ Geschmackserlebnis.*

ZUTATEN *(für 4 – 6 Personen)*
200 g Bitterschokoladen-Kuvertüre
100 g Butter, leicht gesalzen
4 Eier (Größe L)
4 EL feiner Kristallzucker

Mousse au chocolat

ZUBEREITUNG

ZUR VORBEREITUNG eine Schüssel für ein paar Minuten ins Gefrierfach stellen.

WÄHRENDDESSEN die Schokolade in Stücke brechen und die Butter würfeln. Beides zusammen auf dem Herd im Wasserbad bei niedriger Temperatur oder in der Mikrowelle (vgl. dazu Tipp auf Seite 14) schmelzen lassen. Die Eier trennen. Mit dem Schneebesen das Eigelb mit Zucker weißschaumig schlagen.

DIE SCHÜSSEL aus dem Gefrierfach nehmen und darin das Eiweiß mit dem elektrischen Handmixer zu festem Schnee schlagen.

DIE SCHOKOLADEN-BUTTER-MISCHUNG zu der Eigelb-Zucker-Mischung geben, dann vorsichtig mit einem Holzlöffel den Eiweißschnee unterziehen.

ABSCHLIESSEND kräftig rühren, damit keine Klümpchen entstehen. Dann in Dessertschalen füllen und über Nacht zugedeckt in den Kühlschrank stellen.

ZUTATEN *(für 4 Personen)*

FÜR DIE ERDBEERSAUCE:
250 g Erdbeeren
30 g Puderzucker
2 Blatt Gelatine

FÜR DIE PANNA COTTA:
200 ml Sahne
150 ml Milch
75 g weiße Schokolade

Panna Cotta

MIT ERDBEERSAUCE & WEISSER SCHOKOLADE

ZUBEREITUNG

FÜR DIE ERDBEERSAUCE die Erdbeeren waschen, abtropfen lassen, putzen und klein schneiden. Dann die Früchte zusammen mit dem Puderzucker im Mixer pürieren.

DAS ERDBEERPÜREE zusammen mit 6 EL Wasser in einen Topf geben und aufkochen. Ein Blatt Gelatine in kaltem Wasser aufweichen und einrühren. Die Erdbeersauce 2 Minuten kochen lassen. Anschließend in 4 heiß ausgespülte Dessertgläser geben und in den Kühlschrank stellen, damit die Sauce geliert.

FÜR DIE PANNA COTTA Sahne und Milch aufkochen und die weiße Schokolade darin schmelzen. Das zweite, in kaltem Wasser aufgeweichte und gut ausgedrückte Blatt Gelatine hinzufügen und einarbeiten. Anschließend die Panna Cotta auf die Dessertgläser verteilen.

VOR DEM SERVIEREN mindestens 4 Stunden kalt stellen.

Panna Cotta

MIT ERDBEERSAUCE & WEISSER SCHOKOLADE

TIPP: *Wer keine Gelatine verwenden möchte, nimmt stattdessen jeweils ½ TL Agar-Agar.*

Schokoladen-Pistazien-Mousse

TIPP: *Das Schmelzen der Schokolade in der Mikrowelle muss vorsichtig vonstatten gehen: Erst kleinhacken und dann in einer Schüssel für 30 Sekunden bei 400 – 000 Watt schmelzen. Dann umrühren und ggf. noch mal für 30 sekunden schmelzen: so lange, bis die Schokolade flüssig ist. Sonst wird sie für die Weiterverarbeitung zu fest.*

ZUTATEN *(für 6 Personen)*

100 g Bitterschokolade
20 g Butter
320 ml Sahne
50 g frische Pistazien
45 g Zucker
2 Tropfen Bitter-Mandel-Aroma
1 TL Erdnussöl
125 ml Milch
1 Ei
20 g Stärkemehl

FÜR DIE DEKORATION:
Schokoladenherzen

Schokoladen-Pistazien-Mousse

ZUBEREITUNG

SCHOKOLADE UND BUTTER in der Mikrowelle schmelzen. 200 ml Sahne nicht ganz steif schlagen, die mittlerweile lauwarme Schokoladen-Butter-Mischung einarbeiten und auf die Dessertgläser verteilen.

DIE PISTAZIEN zusammen mit 20 g Zucker im Mixer fein pürieren, dann das Bitter-Mandel-Aroma und das Erdnussöl dazugeben. So lange pürieren, bis die Mischung eine pastenähnliche Konsistenz aufweist. Diese dann zusammen mit der Milch in einem Topf aufkochen.

DAS EI mit 25 g Zucker und Stärkemehl schlagen, die kochende Milch dazugeben und auf der Herdplatte bei niedriger Temperatur eindicken lassen. Die Creme in eine Schüssel geben, mit Frischhaltefolie abdecken und erkalten lassen.

DIE RESTLICHE SAHNE steif schlagen und unter die Pistaziencreme ziehen. Anschließend auf die Schokoladenmousse in die Dessertgläser schichten. 2 Stunden kalt stellen und kurz vor dem Servieren mit kleinen Schokoladenherzen dekorieren.

fruchtig …

Fruchtige Holundercreme

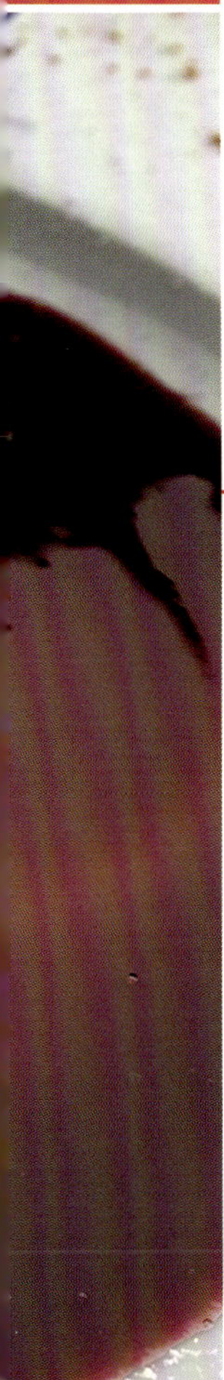

ZUTATEN *(für 4 Personen)*
4 – 6 Blatt Gelatine
2 Eigelb
80 g Zucker
250 ml Holundersaft
2 EL heißes Wasser
Saft von 1 Zitrone
250 ml Sahne

Fruchtige Holundercreme

ZUBEREITUNG

ZUNÄCHST 4 – 6 Blatt Gelatine in kaltem Wasser einweichen.

DANN EIGELB UND ZUCKER mit Holundersaft und heißem Wasser schaumig schlagen und den Saft der Zitrone zugeben. Die Gelatine abtropfen lassen und in einem geeigneten Gefäß in der Mikrowelle bei 300 Watt 15 – 30 Sekunden auflösen. Nach und nach etwas von dem Holundersaft zur Gelatine geben, um die Temperatur auszugleichen. Dann die Gelatine mit dem Holundersaft verrühren und kalt stellen.

DIE SAHNE steif schlagen und unter die Creme ziehen. Vor dem Servieren kalt stellen

TIPP: *Die Creme kann gut am Vortag zubereitet werden.*

ZUTATEN *(für 4 Personen)*
300 g Erdbeeren
1 Eiweiß, 60 g Zucker
250 g Sahne
2 Blatt Gelatine
12 Biscuits roses de Reims (alternativ Löffelbiskuits)
600 ml Nektar aus roten Beeren

Fruchtiges Erdbeermousse

ZUBEREITUNG

ZUNÄCHST 10 Kekse (bzw. Löffelbiskuits) zerbröseln. Dann 250 g Erdbeeren im Mixer pürieren, aufkochen und die vorher in kaltem Wasser aufgeweichte Gelatine unterrühren.

DAS EIWEISS zu Schnee aufschlagen. In einem kleinen Topf 200 ml Wasser mit dem Zucker bei 120 °C zu Sirup aufkochen und über den Eischnee geben. Die Mischung so lange aufschlagen, bis sie gänzlich erkaltet ist. Dann zum Erdbeerpüree geben und unterrühren. Die Sahne kräftig aufschlagen und unterziehen. Dann 3 EL der Keks-Brösel in die Dessertschälchen geben, und anschließend die Hälfte der Erdbeermousse darauf verteilen. Die restlichen Kekse halbieren, in den Fruchtnektar tunken und jeweils auf die Mousse in die Dessertschälchen geben. Abschließend mit der restlichen Mousse bedecken und für 2 Stunden in den Kühlschrank stellen.

VOR DEM SERVIEREN die restlichen Keksbrösel auf die Dessertschälchen verteilen und das Dessert mit frischen Erdbeeren dekorieren.

INFO: *Dieses knackige Gebäck aus Reims wurde 1690 in Reims kreiert. Heute werden die „rosa Kekse aus Reims“ nur noch von der Biskuitmanufaktur Fossier hergestellt. Sie schmecken nicht nach Rosen, sondern sehen wegen der Zutat Karmin nur rosa aus. Dieses sehr spezielle Gebäck entfaltet sein Aroma erst, wenn es vorher traditionsgemäß in Champagner – oder wie in diesem Rezept in Fruchtnektar – getunkt wird.*

Fruchtiges Erdbeermousse

Geeistes Ananassoufflé

ZUTATEN *(für 4 Personen)*
8 Scheiben von frischer Ananas
3 Eier
80 g feiner Kristallzucker
Rum (nach Geschmack)
250 ml Sahne

Geeistes Ananassoufflé

ZUBEREITUNG

EINE ANANASSCHEIBE in kleine Stücke schneiden. Dann 3 Ananasscheiben klein schneiden und mit einem Stabmixer fein pürieren. Die restlichen 4 Ananasscheiben für die Dekoration beiseitelegen.

IN EINER SCHÜSSEL mit einem Schneebesen die Eier mit dem Zucker aufschlagen. Anschließend auf dem Herd im Wasserbad locker luftig aufschlagen. Einen Spritzer Rum (nach Belieben) und das pürierte Fruchtfleisch der Ananas hinzufügen. Die kalte Sahne steif schlagen und vorsichtig einarbeiten. Anschließend die Ananasstückchen unterrühren.

DIE DESSERTGLÄSER jeweils mit doppelt gefalteten Brot- oder Backpapierstreifen ummanteln, so dass ein ca. 3 cm breiter „Kragen" übersteht. Die Streifen mit Küchengarn festbinden oder mit Büroklammern befestigen. (Auf diese Weise können die Gläser über ihren eigentlichen Rand hinaus gefüllt werden, was beim Servieren sehr dekorativ aussieht.) Die Ananas-Masse in die Dessertgläser bis obenhin einfüllen und für mindestens 6 Stunden ins Gefrierfach stellen. Etwa 15 Minuten vor dem Servieren aus dem Gefrierfach nehmen und in den Kühlschrank stellen.

KURZ VOR DEM SERVIEREN die Papiermanschetten von den Gläsern entfernen. Dann das geeiste Ananassoufflé jeweils mit einer Ananasscheibe und einem Klecks Sahne dekorieren und servieren.

ZUTATEN *(für 4 Personen)*

Für den Biskuit:
1 Ei
1 Eigelb
1 EL heißes Wasser
50 g Zucker
50 g Mehl
1 TL Kakaopulver

AUSSERDEM:
350 g Quark (Fettgehalt: 20 %)
180 ml Sahne (Fettgehalt: mind. 30 %)
60 g Zucker
300 g rote Beeren
(z. B. Himbeeren, Heidelbeeren, Erdbeeren, Johannisbeeren)

Kleine Köstlichkeit

MIT ROTEM BEERENMIX

ZUBEREITUNG

DAS EI und das Eigelb mit Zucker zu einer gleichmäßigen Konsistenz verrühren. Dann heißes Wasser dazugeben und die Ei-Mischung auf das Dreifache der Menge weiß-schaumig schlagen. Mehl und Kakaopulver darüber sieben und unterziehen.

DEN TEIG auf eine mit Pergamentpapier bedeckte Kochplatte geben und so verteilen, dass sich ein Kreis mit einem Durchmesser von 18 cm ergibt. Dann für 10 Minuten bei 180 °C (Stufe 6) im Backofen backen.

DIE SAHNE steif schlagen. Dann den Quark mit Zucker verrühren und die Sahne unterheben.

AUS DEM BISKUITTEIG 4 flache, runde Scheiben vom Umfang des Glasrandes ausstechen.

DIE HÄLFTE der geputzten und gewaschenen Beeren in die Dessertgläser verteilen und mit einer Schicht Sahnequark bedecken. Darauf jeweils eine Scheibe Biskuitteig, Früchte und abschließend wieder Sahnequark schichten. Für 2 Stunden kühl stellen.

KURZ VOR DEM SERVIEREN das Dessert mit einigen gemischten Beeren dekorieren.

Kleine Köstlichkeit

MIT ROTEM BEERENMIX

Leichtes „Erdbeersüppchen“

MIT PISTAZIENSCHAUM

INFO: *Dieses Dessert ist sehr erfrischend und leicht – damit genau das Richtige im Sommer und ein guter Abschluss einer sehr herzhaften Mahlzeit.*

ZUTATEN *(für 6 Personen)*
250 g Erdbeeren
6 Blätter frische Minze
3 Eiweiß
50 g Zucker
1 EL gehackte Pistazien

Leichtes „Erdbeersüppchen“

MIT PISTAZIENSCHAUM

ZUBEREITUNG

DIE ERDBEEREN mit der frischen Minze in einen Mixer geben und pürieren, bis die Masse dickflüssig ist.

DAS EIWEISS schlagen. Sobald es zu schäumen beginnt, den Zucker dazugeben und so lange weiterschlagen, bis der Eischnee ganz fest ist und glänzt.

MIT HILFE von 2 Esslöffeln aus dem Eischnee Nocken formen und auf einen flachen Teller legen. Dann für 1 Minute bei niedriger Stufe in die Mikrowelle geben, dabei nach einer ½ Minute mit der Fingerspitze den Kochvorgang kontrollieren. Aus der Mikrowelle nehmen und abkühlen lassen.

DAS „ERDBEERSÜPPCHEN“ in Dessertkelche füllen. Kurz vor dem Servieren die Eischnee-Nocken daraufsetzen und mit gehackten Pistazien und einem Minzeblatt dekorieren.

cremig ...

Apfeltraum

ZUTATEN *(für 6 Personen)*

100 g Löffelbiskuits
1 Päckchen (oder Fläschchen) Rumaroma
700 g Apfelmus
250 g Magerquark
250 g Mascarpone (wahlweise anderer Frischkäse)
100 g Zucker, 1 Päckchen Vanillezucker
2 EL Milch, 200 ml Sahne
1 Päckchen Sahnesteif, 2 TL Kakaopulver

Apfeltraum

ZUBEREITUNG

EINE AUFLAUFFORM mit den Löffelbiskuits auslegen. Die Löffelbiskuits mit dem Rumaroma beträufeln. Das Apfelmus daraufgeben und die Oberfläche glatt streichen. Quark, Mascarpone, Milch, Zucker und Vanillezucker gut miteinander verrühren. Die Sahne mit dem Sahnesteif schlagen und unter die Quarkmasse ziehen. Diese Creme auf das Apfelmus schichten, etwas glätten und dann mit einem Löffel mehrmals eindellen, so dass die Oberfläche leicht wellig wird.

DAS KAKAOPULVER darüber stäuben und die Nachspeise abgedeckt für einen Tag im Kühlschrank durchziehen lassen.

TIPP: *Statt mit Rumaroma kann man die Löffelbiskuits auch mit 4 EL Calvados oder einer Mischung aus 2 EL Calvados und 2 EL starkem erkalteten Espresso beträufeln. Das Apfelmus kann man auch leicht selbst herstellen. Dafür 1 Kilo Äpfel (am besten Boskop) schälen, entkernen und klein schneiden. Mit 2 Päckchen Vanillezucker erhitzen und zum Schluss nur grob mit dem Kartoffelstampfer zerstampfen, so dass noch Apfelstückchen übrig bleiben.*

ZUTATEN *(für 4 Personen)*
8 Äpfel
140 ml Schlagrahm
100 g Quark
80 g Vanillecreme
¼ TL Agar-Agar
30 g Butter
1 EL Zucker
½ Tütchen Tortenguss
50 ml Apfelsaft

Bayerische Creme „Normandie"

ZUBEREITUNG

AUS 6 GESCHÄLTEN UND ENTKERNTEN ÄPFELN in einem geschlossenen Topf mit etwas Wasser auf niedriger Temperatur ein Kompott kochen. Dabei immer wieder umrühren. Dann vom Herd nehmen, erkalten lassen und die Dessertgläser zu einem Drittel mit dem Kompott füllen.

DEN SCHLAGRAHM kräftig aufschlagen und kalt stellen. Quark und Vanillecreme verrühren. Das zuvor in kochendem Wasser aufgelöste Agar-Agar in einer geringen Menge der Creme auflösen, dann alles aufkochen. Den Schlagrahm hinzufügen und verrühren. Anschließend die Creme auf das Kompott in die Gläser geben, so dass diese zu zwei Dritteln gefüllt sind.

DIE RESTLICHEN 2 Äpfel schälen und vierteln. Die Butter in einem kleinen Topf erwärmen und die geviertelten Äpfel darin goldbraun anschwitzen. Nach der halben Garzeit mit Zucker bestreuen. Die Apfelviertel auf einem Teller abkühlen lassen.

DIE APFELVIERTEL in den Dessertgläsern auf der Creme anrichten. In einem Topf den Tortenguss im Apfelsaft auflösen, aufkochen und über die Äpfel geben. Den Guss erstarren lassen und das Dessert für mindestens eine Stunde in den Kühlschrank stellen.

Bayerische Creme „Normandie“

INFO: *Als Schlagrahm bezeichnet man Schlagsahne mit einem Fettgehalt von mindestens 30 %.*

Crème brûlée

ZUTATEN *(für 6 Personen)*
600 ml Sahne
5 Eigelb
120 g Zucker
1 Vanilleschote
6 EL brauner Zucker

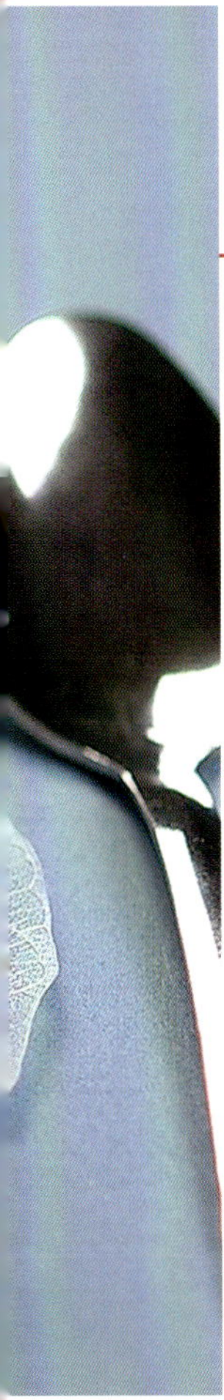

Crème brûlée

ZUBEREITUNG

DEN BACKOFEN auf 90 °C (Stufe 3) vorheizen. Die Vanilleschote halbieren und das Vanillemark mit einem spitzen Messer herauskratzen. Die Sahne in einen Topf geben und zusammen mit dem Vanillemark aufkochen lassen.

MIT EINEM SCHNEEBESEN das Eigelb mit dem Zucker in einem Topf weiß-schaumig aufschlagen. Dann die heiße Sahne-Vanille-Mischung darüber geben. Die Masse nicht weiter aufschlagen, damit sie nicht zu schäumen beginnt. Dann das Ganze in 6 feuerfeste Schälchen gießen, 15 Minuten ruhen und für 1 Stunde im heißen Backofen stocken lassen. Aus dem Ofen nehmen, erkalten lassen und anschließend für mindestens 2 Stunden in den Kühlschrank stellen.

KURZ VOR DEM SERVIEREN die Crème mit braunem Zucker bestreuen und mit einem kleinen Bunsenbrenner goldbraun karamellisieren. Nach Belieben mit roten Beeren dekorieren.

ZUTATEN *(für 6 Personen)*
400 g Erdbeeren
3 Blatt Gelatine
2 Eiweiß
380 g Zucker
250 ml Sahne
1 kg Rhabarber
6 Amarettini

Creme-Duo

VON ERDBEEREN & RHABARBER

ZUBEREITUNG

ZUNÄCHST 250 g der Erdbeeren im Mixer pürieren. Dann das Erdbeerenpüree erhitzen und aufkochen lassen. Die vorher in kaltem Wasser aufgeweichte und gut ausgedrückte Gelatine hinzufügen und unterrühren.

DAS EIWEISS zu Schnee schlagen. In einem kleinen Topf 250 ml Wasser mit 80 g Zucker bei 120 °C zu Sirup verkochen. Den Sirup vom Herd nehmen und über den Eischnee geben. Die Mischung weiter schlagen, bis sie ganz erkaltet ist, und dann in das Erdbeerenpüree einarbeiten. Die kalte Sahne steif schlagen und unterziehen. Die Erdbeercreme in Dessertschälchen geben und 4 Stunden kalt stellen.

DEN RHABARBER putzen, in 3 cm dicke Stücke schneiden und zusammen mit 300 g Zucker in einen Topf geben. Aufkochen und 40 Minuten köcheln lassen. In regelmäßigen Abständen umrühren, bis der Rhabarber zum Kompott eingekocht ist. Anschließend vom Herd nehmen und erkalten lassen.

DAS RHABARBERKOMPOTT auf die Erdbeercreme in die Dessertschälchen geben und jeweils mit einem Amarettino dekorieren.

Creme-Duo

VON ERDBEEREN & RHABARBER

Erdbeer-Honig-Parfait

INFO: *Nicht vergessen: Auch Bio-Orangen müssen vorher gründlich mit heißem Wasser abgespült werden, bevor man den Schalenabrieb zur Zubereitung verwendet.*

ZUTATEN *(für 4 Personen)*
500 g Erdbeeren
4 EL Grand Marnier
2 frische Eigelb
100 g flüssiger heller Honig
(z. B. Akazienhonig)
1 TL Abrieb von 1 unbeh. Bio-Orange
180 g Sahne

FÜR DIE DEKORATION:
gehackte Pistazien
4 Physalis
Puderzucker zum Bestäuben

Erdbeer-Honig-Parfait

ZUBEREITUNG

DIE ERDBEEREN waschen und entstielen. Anschließend mit dem Mixer fein pürieren (einige Früchte für die Dekoration beiseitelegen).

ÜBER DEM HEISSEN Wasserbad Orangenlikör, Eigelb und Honig in einer Schüssel schaumig schlagen, bis die Masse eine dickflüssige Konsistenz erhält. Die pürierten Erdbeeren und den Orangenabrieb in die Eigelb-Honig-Mischung einrühren. Die Sahne steif schlagen und ebenfalls vorsichtig unterheben.

EINE KASTENFORM (25 cm Länge) mit Frischhaltefolie auskleiden, die Parfaitmasse hineingeben und mit der überhängenden Folie bedecken. Anschließend für mindestens 6 Stunden ins Gefrierfach stellen.

VOR DEM SERVIEREN die Dessertteller mit Puderzucker bestäuben und jeweils mit einer Physalis garnieren. Dann die Parfaitform aus dem Gefrierfach nehmen und kurz ins heiße Wasser tauchen, damit sich das Parfait im nächsten Schritt leichter stürzen lässt. Das Parfait in Scheiben schneiden, auf die Teller geben und mit ganzen Erdbeeren und gehackten Pistazien abschließend dekorieren

TIPP: *Bei der nicht-alkoholischen Variante dieses Desserts ersetzt man den Orangenlikör einfach durch Orangensaft.*

ZUTATEN *(für ca. 6 Personen)*
200 g Löffelbiskuits
200 ml erkalteter starker Kaffee
750 g Erdbeeren
2 EL Zucker
750 g Magerquark
500 g Frischkäse
ca. 125 g Puderzucker
2 – 3 EL Zitronensaft
½ – 1 Fl. Vanillearoma
Kakaopulver

Erdbeer-Quark-Tiramisu

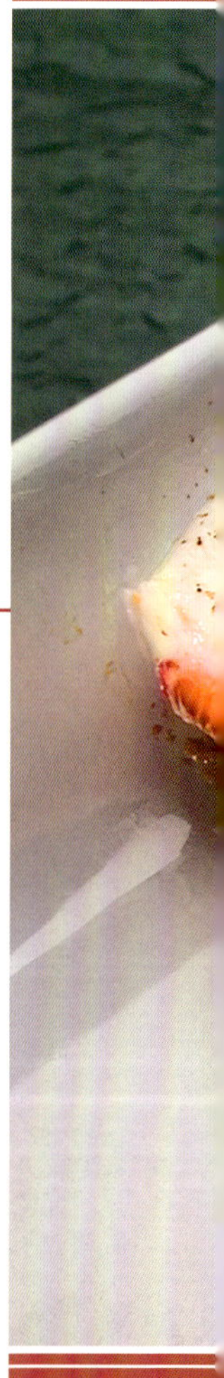

ZUBEREITUNG

DIE LÖFFELBISKUITS in einer Auflaufform arrangieren. Den Kaffee darüber träufeln. Die Erdbeeren waschen, putzen und halbieren. Anschließend mit Zucker süßen und kurz durchziehen lassen. Dann auf den Löffelbiskuits verteilen.

FÜR DIE CREME Magerquark, Frischkäse, 100 g Puderzucker und den Zitronensaft verrühren. Mit dem Vanillearoma abschmecken und auf den Erdbeeren verstreichen.

ZUM SCHLUSS Kakaopulver und Puderzucker darüber stäuben und das Tiramisu möglichst über Nacht durchziehen lassen.

Erdbeer-Quark-Tiramisu

Gestürzte Creme

MIT KARAMELLISIERTEN ÄPFELN

ZUTATEN *(für 6 Personen)*
3 Äpfel
300 g Zucker
1 Vanilleschote
700 ml Vollmilch
5 Eier

Gestürzte Creme

MIT KARAMELLISIERTEN ÄPFELN

ZUBEREITUNG

DIE ÄPFEL SCHÄLEN und in dünne Scheiben schneiden. Die Apfelscheiben in 2 oder 3 Lagen in feuerfeste Förmchen schichten.

DIE HÄLFTE DES ZUCKERS mit 2 EL Wasser in einem kleinen Topf erhitzen und ohne Rühren goldbraun karamellisieren. Den Karamell über die Äpfel geben und erkalten lassen.

DIE VANILLESCHOTE der Länge nach aufschlitzen, halbieren und das Mark auskratzen. In einem Topf zusammen mit der Milch erhitzen.

DIE EIER mit dem restlichen Zucker weiß-schaumig aufschlagen, die Milch dazugeben (vorher die Schotenhälften herausnehmen) und über die Apfelscheiben gießen. Die Förmchen in ein Wasserbad stellen und 45 Minuten in den auf 160 °C vorgeheizten Backofen geben. Anschließend herausnehmen, erkalten lassen und für 2 Stunden in den Kühlschrank stellen. Kurz vor dem Servieren aus der Form auf die Dessertteller stürzen.

TIPP: *Die karamellisierten Apfelscheiben-Schichten vollständig erkalten lassen, damit sie nicht „schwimmen", wenn man sie mit der Milch übergießt. Das Stürzen der Creme gelingt gut, wenn man sie vorher mit einem spitzen Messer vorsichtig aus den Förmchen löst.*

ZUTATEN *(für 6 Personen)*

FÜR DIE VANILLECREME:
1 Vanilleschote
400 ml Vollmilch
4 Eigelb
100 g Zucker

FÜR DIE SCHNEENOCKEN:
4 Eiweiß
60 g Zucker

FÜR DEN KARAMELL:
60 g Zucker

Îles Flottantes

(SCHNEENOCKEN AUF VANILLECREME)

ZUBEREITUNG

FÜR DIE VANILLECREME die Vanilleschote in der Länge aufschlitzen und das Mark herausschaben. Die Vanilleschote halbieren. Dann die Milch zusammen mit dem Vanillemark und den beiden Schotenhälften aufkochen. Eigelb und Zucker weiß schaumig schlagen. Die Milch von der Kochstelle ziehen, die Schote herausnehmen und die heiße Milch über das aufgeschlagene Eigelb geben. Wieder auf die Kochstelle zurücksetzen und die Masse bei geringer Hitze unter ständigem Rühren andicken lassen. Dabei nicht mehr aufkochen. Wenn die Creme einen Holzlöffel überzieht, hat sie die richtige Konsistenz.

FÜR DIE NOCKEN das Eiweiß zu Schnee schlagen. Sobald es schaumig zu werden beginnt, den Zucker hinzufügen und so lange weiterschlagen, bis der Eischnee fest ist und glänzt. Dann daraus mit Hilfe von 2 Esslöffeln 6 große Nocken formen und auf einen Teller legen. Für ca. 20 Sekunden in der Mikrowelle auf mittlerer Stufe pochieren und anschließend kalt stellen.

IN EINEM KLEINEN TOPF den Zucker karamellisieren und in feinen Streifen auf eine Silikon-Backmatte gießen. Anschließend erkalten und aushärten lassen.

DIE VANILLECREME auf 6 Dessertschalen verteilen und jeweils die Schneenocken daraufsetzen. Kurz vor dem Servieren mit dem Karamellgitter dekorieren.

Îles Flottantes

(SCHNEENOCKEN AUF VANILLECREME)

Limonen-Mascarpone-Creme

MIT ERDBEEREN

ZUTATEN *(für 4 Personen)*
250 g Erdbeeren
2 EL Zucker
2 EL Limonenlikör
(z. B. Limoncello)
1 Limone
250 g Mascarpone
3–4 EL Zucker
100 ml Sahne

Limonen-Mascarpone-Creme

MIT ERDBEEREN

ZUBEREITUNG

DIE ERDBEEREN waschen, putzen, halbieren, mit Zucker bestreuen und mit dem Limonenlikör aromatisieren. Die Limone abwaschen und mit einem Zestenreißer Streifen von der Schale abziehen. Dann den Limonensaft auspressen.

DIE MASCARPONE mit Limonensaft, Zucker und Sahne verrühren und die Limonenzesten zu zwei Dritteln hinzufügen. Die Mascarponecreme in Dessertschalen füllen, die Erdbeeren hinzufügen und das Dessert mit den restlichen Limonenstreifen dekorieren.

TIPP: *Statt mit einem Zestenreißer kann man die Limone genauso gut mit einem Sparschäler schälen und die Schale anschließend in feine Streifen schneiden.*

ZUTATEN *(für 6 Personen)*
600 g Feigen
4 EL Zucker

FÜR DIE MANDELCREME:
2 Eier
60 g Zucker
120 ml Sahne
80 g Mandelpulver
Bitter-Mandel-Aroma
2 EL geschälte Mandeln

Mandelcreme mit Feigenconfit

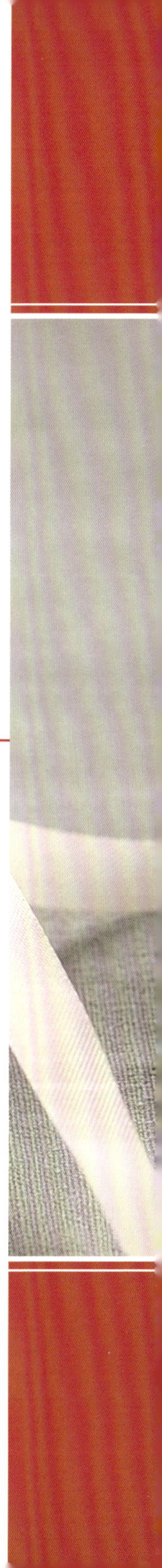

ZUBEREITUNG

6 SCHÖNE FEIGEN beiseitelegen. Die restlichen Feigen vierteln. Zusammen mit dem Zucker und 2 EL Wasser in einen Topf geben und auf niedriger Temperaturstufe etwa 30 Minuten kochen lassen. Ab und zu umrühren.

DIE EIER mit dem Zucker schaumig aufschlagen, dann die Sahne sowie das Mandelpulver und 2–3 Tropfen Bitter-Mandel-Aroma dazugeben.

IN JEDES DESSERTGLAS 1 EL der eingekochten Feigen geben. Die restlichen Feigen vierteln und darauf verteilen. Dann die Mandelcreme einfüllen. Für 2 Minuten in dem auf 180 °C (Stufe 6) vorgeheizten Backofen ins Wasserbad stellen.

KURZ VOR DEM SERVIEREN die Mandeln ohne Fett in der Pfanne anrösten und das Dessert damit dekorieren.

Mandelcreme mit Feigenconfit

Mohncreme mit Himbeeren

TIPP: *Die Creme lässt sich am besten stürzen, wenn man vorher die Förmchen kurz in heißes Wasser taucht und mit einem Messer den Rand löst. Wenn Sie das Dessert für die ganze Familie zubereiten möchten: Es schmeckt auch ohne Alkohol sehr gut.*

ZUTATEN *(für 4 Personen)*
6 Blatt weiße Gelatine
1 unbehandelte Zitrone
3 Becher Naturjoghurt
60 g Honig
2 EL Mohn
½ Becher Schlagsahne
500 g frische oder aufgetaute TK-Himbeeren
75 g Puderzucker
40–50 ml Himbeergeist

Mohncreme mit Himbeeren

ZUBEREITUNG

DIE GELATINE in kaltem Wasser einweichen. Die Zitrone heiß abwaschen, abreiben und auspressen. Dann Joghurt und Honig mit Zitronenabrieb, der Hälfte des Zitronensafts und dem Mohn verrühren. Die Gelatine ausdrücken, in einen Topf geben und bei geringer Hitze unter ständigem Rühren auflösen. Die Hälfte der Joghurtmasse unter die aufgelöste Gelatine geben und unterrühren. Dann zu der restlichen Masse geben und beides gut miteinander vermengen. Die Sahne steif schlagen und unterziehen. Die Creme in 4 Förmchen füllen und mindestens 3 Stunden im Kühlschrank kalt stellen.

FÜR DIE FRUCHTSAUCE die Himbeeren durch ein Sieb streichen, um die Kerne aufzufangen (einige Früchte für die Dekoration beiseitelegen). Die Fruchtmasse mit dem übrigen Zitronensaft, dem Puderzucker und dem Himbeergeist in einen Mixer geben und gut vermixen.

DIE CREME stürzen, mit Sauce umgießen und mit aufgetauten TK-Früchten oder frischen Himbeeren garnieren.

ZUTATEN *(für 4 Personen)*
3 Scheiben Pumpernickel
40 ml Kirschwasser
500 g Joghurt-Quark
Mark von 1 Vanilleschote
80 g Zucker
250 ml süße Sahne
1 Glas Schattenmorellen (750 ml)

Quarkspeise mit Pumpernickel

ZUBEREITUNG

DEN PUMPERNICKEL in kleine Würfel schneiden und im Kirschwasser marinieren. Die Vanilleschote längs halbieren und das Mark auskratzen. Dann den Quark mit Vanillemark und dem Zucker verrühren. Danach die Sahne schlagen und unterheben.

DIE SCHATTENMORELLEN auf einem Sieb abtropfen lassen. Schichtweise Quark, Kirschen und Pumpernickel in einem hohen Glas anrichten und servieren. Ein wunderbares Dessert für diejenigen, denen Eis oder Kuchen einfach zu süß sind.

Quarkspeise mit Pumpernickel

„Weiße Creme“ mit Himbeercoulis

ZUTATEN *(für 6 Personen)*

FÜR DIE „WEISSE" CREME:

300 ml Kokosmilch
200 ml Vollmilch
150 g feiner Kristallzucker
8 Blatt Gelatine
200 ml Sahne (mind. 30 % Fettgehalt)

FÜR DIE COULIS:

80 g Himbeersauce
1 Blatt Gelatine
250 g Himbeeren
2 Tütchen Tortenguss
80 g Zucker
Rote Lebensmittelfarbe

„Weiße Creme" mit Himbeercoulis

ZUBEREITUNG

FÜR DIE COULIS die Himbeersauce mit Zucker erhitzen. Die vorher in kaltem Wasser aufgeweichte und gut ausgedrückte Gelatine einrühren und auflösen. Anschließend die Coulis in die Dessertgläser geben und eine Stunde ruhen lassen.

FÜR DIE „WEISSE CREME" die Gelatine in kaltem Wasser einweichen. Kokosmilch, Milch, Zucker und die gut ausgedrückte Gelatine in einen Topf geben und anwärmen (lauwarm). Die Sahne steif schlagen und unterziehen. Dann die Creme in die Dessertgläser füllen und mindestens 4 Stunden kalt stellen.

JETZT DIE HIMBEEREN auf der Creme verteilen. Den Tortenguss nach Packungsanweisung mit 200 ml Wasser (oder Fruchtsaft) anrühren und 2 Tropfen roter Lebensmittelfarbe dazugeben. Damit die Himbeeren nappieren. Das Dessert kalt stellen. Kurz vor dem Servieren nach Belieben – z. B. mit frischer gehackter Pistazie – dekorieren.

ZUTATEN *(für 6 Personen)*

FÜR DIE ZITRONENCREME:
Saft und Abrieb von
2 unbeh. Zitronen
4 Eier
80 g Zucker
80 g Butter

FÜR DIE CHIBOUST-CREME:
80 ml Milch, Saft von einer ½ Zitrone
2 Eier
1 Blatt Gelatine
15 g Puddingpulver oder Stärkemehl
120 g Zucker
6 kleine Baisers

Zitronencreme „Chiboust"

ZUBEREITUNG

FÜR DIE ZITRONENCREME Zitronensaft, Schalenabrieb, Eier, Zucker und die klein geschnittene Butter in eine Schüssel geben. Im Wasserbad erhitzen und mit dem Schneebesen so lange aufschlagen, bis die Masse dickflüssig ist. Dann in die Dessertgläser verteilen und erkalten lassen.

FÜR DIE CHIBOUST-CREME Milch und Zitronensaft erhitzen. Die Eier trennen. Das Eigelb mit 20 g Zucker weiß-schaumig schlagen, dann das Puddingpulver bzw. Stärkemehl dazugeben. Anschließend in den Topf zu der Milch-Zitronensaft-Mischung geben. Auf niedriger Temperaturstufe etwas eindicken lassen. Dann vom Herd nehmen und die zuvor in kaltem Wasser eingeweichte, gut ausgedrückte Gelatine einarbeiten.

IN EINEM TOPF die restlichen 100 g Zucker zusammen mit 250 ml Wasser verrühren und auf 110 °C erhitzen. Währenddessen das Eiweiß zu festem Schnee schlagen. Anschließend mit dem heißen Sirup vorsichtig übergießen, dabei ständig weiterschlagen – so lange, bis der Eischnee gänzlich erkaltet ist. Diesen dann in die noch warme Chiboust-Creme in 2 Stufen einarbeiten: das erste Drittel kräftig einrühren, um die Creme geschmeidig zu machen, die restliche Menge danach sehr vorsichtig unterziehen.

DIE BAISERS zerbröseln, auf die Zitronencreme streuen und abschließend die Chiboust-Creme darauf gießen. Das Dessert kalt stellen und kurz vor dem Servieren mit einer getrockneten Zitronenscheibe dekorieren.

Zitronencreme „Chiboust"

TIPP: *Für die Dekoration eine gefrorene Zitrone mit Hilfe einer Reibe in dünne Scheiben schneiden und diese mit Puderzucker bestäuben. Anschließend für 2 Stunden in den 90°C heißen Backofen geben.*

schaumig & leicht …

Erdbeermousse „Kindheitserinnerung“

ZUTATEN *(für 4 Personen)*
400 g Erdbeeren
80 g Zucker
2 Eier
150 ml Sahne (Fettgehalt mind. 30 %)
2 Blatt Gelatine
16 Schaumzucker-Erdbeeren
1 Zuckerwatte (Farbaroma „Erdbeere")

Erdbeermousse „Kindheitserinnerung"

ZUBEREITUNG

DIE GELATINE in kaltem Wasser aufweichen. Von den Erdbeeren 300 g pürieren und in einem kleinen Topf aufkochen. Anschließend die gut ausgedrückte Gelatine darin einrühren. Abkühlen lassen.

DIE EIER trennen. Das Eigelb mit 1 EL heißem Wasser und 50 g Zucker weiß-schaumig schlagen und in das Erdbeerenpüree einarbeiten.

DAS EIWEISS zu festem Schnee schlagen. Wenn es schaumig wird, den restlichen Zucker hinzufügen und so lange aufschlagen, bis der Eischnee glänzt und fest geworden ist. Anschließend vorsichtig unter die Erdbeerenpüree-Eigelb-Mischung heben. Die Sahne steif schlagen und ebenfalls unterziehen. Die restlichen Erdbeeren klein schneiden und zur Mousse geben.

DIE SCHAUMZUCKER-ERDBEEREN in die Dessertgläser verteilen, darauf die Erdbeermousse füllen und das Dessert 2 Stunden an einem kühlen Ort ruhen lassen.

KURZ VOR DEM SERVIEREN mit Zuckerwatte dekorieren.

ZUTATEN *(für 4 Personen)*
Saft und Schalenabrieb von 1 Grapefruit
4 Löffelbiskuit
2 Eier
¼ TL Agar-Agar
50 g Zucker
100 ml Sahne (Fettgehalt mind. 30 %)
1 Eiweiß
60 g Zucker

Grapefruitmousse

MIT BAISERHÄUBCHEN

ZUBEREITUNG

DIE LÖFFELBISKUIT in 80 ml Grapefruitsaft tunken, vollsaugen lassen und zuunterst in die Dessertgläser legen. Dann die Eier trennen. Den restlichen Grapefruitsaft, etwa 50 ml, zusammen mit dem Eigelb in eine Schüssel geben, 40 g Zucker und den Schalenabrieb hinzufügen. Im Wasserbad erhitzen und ca. 10 Minuten umrühren. Das Agar-Agar nach Packungsanweisung einrühren, noch 1 Minute weiter erhitzen, dann vom Herd nehmen und abkühlen lassen.

DIE SAHNE steif schlagen und kalt stellen. Das Eiweiß mit einer Prise Zucker zu Schnee schlagen. Sobald er schaumig wird, noch einmal 10 g Zucker hinzufügen und weiterschlagen, bis der Eischnee ganz fest geworden ist. Jetzt zuerst die geschlagene Sahne und dann den Eischnee unter die Grapefruitcreme heben. In die Dessertgläser gießen und für 2 Stunden in den Kühlschrank stellen.

IN EINEM TOPF den Zucker in 100 ml Wasser auf 120 °C (Stufe 3) erhitzen. Währenddessen das Eiweiß zu Schnee schlagen, dann bei leichtem Schlagen des Eischnees den Sirup in dünnem Strahl dazugießen. Kräftig weiterschlagen, bis das Baiser vollständig abgekühlt ist. Die Baisermasse mit Hilfe eines Spritzbeutels auf die Grapefruitmousse geben und mit einem Bunsenbrenner leicht anbräunen. Sofort servieren.

Grapefruitmousse

MIT BAISERHÄUBCHEN

TIPP: *Agar-Agar ist ein pflanzliches Geliermittel aus getrockneten Meeresalgen. Deshalb sollten Sie umbedingt die Packungsanweisung beachten und ggf. eine Gelierprobe machen. Agar-Agar gibt es im Reformhaus oder Bioladen.*

Heidelbeermousse mit Brioche

ZUTATEN *(für 4 Personen)*
400 g Heidelbeeren
3 EL Heidelbeermarmelade
1 Eiweiß
60 g Zucker
250 ml Schlagrahm
1 gestr. TL Agar-Agar
(ersatzweise 2 Blatt Gelatine)
4 Scheiben Brioches (rundes Hefegebäck)

Heidelbeermousse mit Brioche

ZUBEREITUNG

DIE HÄLFTE der Heidelbeeren pürieren und mit der Marmelade vermengen. Danach 300 ml Wasser zum Kochen bringen und Agar-Agar bzw. die vorher in kaltem Wasser eingeweichte und gut ausgedrückte Gelatine einrühren. Noch eine Minute auf der Herdplatte belassen, dann in die pürierten Heidelbeeren einrühren.

IN EINEM KLEINEN TOPF Zucker in 20 ml Wasser auf 120 °C (Stufe 3) erhitzen. Das Eiweiß zu Schnee steif schlagen. Den heißen Sirup über den Eischnee geben und so lange weiterschlagen, bis dieser völlig erkaltet ist. Anschießend vorsichtig unter das Heidelbeerpüree heben. Den kalten Schlagrahm (Kühlschranktemperatur) steif schlagen und ebenfalls unterziehen.

DIE RESTLICHEN HEIDELBEEREN in den Dessertgläsern verteilen. Dann die Brioche-Scheiben toasten und mit Hilfe einer Ausstechform flache runde Scheiben vom Umfang des Gläserrandes ausstechen. Auf die Heidelbeeren legen, dann darauf die Mousse verteilen. Anschließend für 2 Stunden kühl stellen.

ZUM SCHLUSS jeweils eine feine Schicht Heidelbeermarmelade auf die Mousse geben.

ZUTATEN *(für 4 Personen)*
100 g Honig
200 ml Milch
½ TL Agar-Agar
2 Eier
30 g Kristallzucker
200 ml Schlagrahm
200 g Aprikosen (Dose)
2 EL gehobelte Mandeln
4 Stk. Mandelnougat

Honig-Sahne-Mousse

MIT NOUGATSPLITTERN

ZUBEREITUNG

IN EINEM KLEINEN TOPF die Milch erhitzen und den Honig darin auflösen. Dann Agar-Agar hinzufügen und aufkochen. Die Eier trennen. Das Eigelb mit dem Zucker weiß-schaumig schlagen. Dann die lauwarme Honig-Milch-Mischung hinzufügen und beides zusammen auf kleiner Flamme andicken, aber nicht kochen lassen.

DIE SAHNE und dann das Eiweiß (mit einer Prise Zucker) steif schlagen. Beides vorsichtig unter die Honig-Milch-Mischung heben. Anschließend für 30 Minuten in den Kühlschrank stellen.

DIE APRIKOSEN in einem Sieb abtropfen lassen, die Aprikosenhälften noch mal halbieren und in die Dessertschalen geben. Die Honig-Sahne-Mousse in einen Spritzbeutel geben und auf den Aprikosen verteilen. Anschließend für 2 Stunden in den Kühlschrank stellen.

FÜR DIE DEKORATION die Mandelsplitter in der Pfanne ohne Fett anrösten. Jeweils einen halben TL Honig auf die Mousse geben. Den Mandelnougat klein schneiden. Das Dessert mit Nougat und den gerösteten Mandelsplittern dekorieren.

Honig-Sahne-Mousse

MIT NOUGATSPLITTERN

Kaffee-Zabaione

TIPP: *Man kann die Zabaione auch noch warm auf die kalte Creme geben – ein reizvoller Kontrast, der dem Geschmackserlebnis bei diesem köstlichen Dessert sehr zuträglich ist.*

ZUTATEN *(für 6 Personen)*
30 g Stärkemehl
130 g Zucker
2 EL löslicher Kaffee
400 ml Milch
2 Eigelb
80 ml sehr stark gebrühter Kaffee

Kaffee-Zabaione

ZUBEREITUNG

STÄRKEMEHL, 80 g Zucker und das lösliche Kaffeepulver vermischen. Dann unter ständigem kräftigen Rühren nach und nach die Milch dazugeben, damit keine Klümpchen entstehen. Anschließend in einen Topf gießen und unter ständigem Rühren aufkochen. Dann die Dessertgläser etwa zur Hälfte mit der dickflüssigen Kaffeecreme befüllen. Abkühlen lassen und für 2 Stunden kühl stellen.

EINEN TOPF zu einem Drittel mit Wasser füllen und dieses erhitzen.

DAS EIGELB mit 50 g Zucker weiß-schaumig auf das doppelte Volumen aufschlagen. In dünnem Strahl den Kaffee dazugießen. Dabei ständig weiterschlagen. Die Schüssel in den Topf mit heißem Wasser setzen, die Temperatur herunterstellen und so lange weiterschlagen, bis die Masse schaumig und von einer festen Konsistenz ist. Dies braucht ca. 5 – 6 Minuten. Anschließend die Schüssel aus dem Topf nehmen und die Zabaione weiterschlagen, bis sie erkaltet ist.

MIT EINEM ESSLÖFFEL die Zabaione auf die Kaffeecreme in die Dessertgläser geben und sofort servieren.

ZUTATEN *(für 4 Personen)*

1 kg Aprikosen
200 ml Milch
3 Scheiben Lebkuchen
2 Eier
200 g + 80 g Zucker
200 ml Sahne (Fettgehalt mind. 30 %)
2 Blatt Gelatine
1 EL Butter
4 EL Honig

Lebkuchenmousse mit Aprikosenkompott

ZUBEREITUNG

DIE MILCH aufkochen. Dann den Lebkuchen zerbröseln und zusammen mit der zuvor in kaltem Wasser eingeweichten und gründlich ausgedrückten Gelatine in die Milch einrühren. Etwas abkühlen lassen.

DIE EIER trennen, dann das Eigelb mit 80 g Zucker weiß-schaumig schlagen. Die lauwarme Milch-Lebkuchen-Masse dazugießen und auf niedriger Temperaturstufe eindicken lassen, ohne sie noch einmal aufzukochen. Dann lauwarm werden lassen.

DIE SAHNE steif schlagen. Das Eiweiß mit einer Prise Zucker zu festem glänzenden Schnee schlagen. Die Schlagsahne und den Eischnee vorsichtig unter die Eigelb-Milch-Mischung heben. Danach für 30 Minuten kühl stellen.

AUS DER HALBEN MENGE der Aprikosen mit 200 g Zucker auf niedriger Temperaturstufe 30 Minuten zu Kompott einkochen. Dieses dann erkalten lassen.

JEWEILS 2 EL Aprikosenkompott in die Dessertgläser geben. Darauf das Lebkuchenmousse verteilen und 2 Stunden an einem kühlen Ort ruhen lassen.

DIE ANDERE HÄLFTE der Aprikosen vierteln und in der Butter 3 Minuten leicht anbräunen. Dann mit dem Honig nappieren und abgekühlt auf der Mousse dekorieren. Sofort servieren.

Lebkuchenmousse mit Aprikosenkompott

Leichtes Tiramisu

ZUTATEN *(für 4 Personen)*
250 g Magerquark
100 g Puderzucker
2 Eigelb
2 Eiweiß
100 ml Sahne
200 ml erkalteter Kaffee
200 g Löffelbiskuit

Leichtes Tiramisu

ZUBEREITUNG

DEN MAGERQUARK mit Puderzucker und Eigelb vermengen. Das Eiweiß und die Sahne jeweils steif schlagen und vorsichtig unterheben. Die in dem erkalteten Kaffee getränkten Löffelbiskuit und die Quarkmasse abwechselnd in eine flache Schüssel schichten. Damit die Quarkmasse fest wird, muss sie ca. drei Stunden kalt gestellt werden.

DAS TIRAMISU nach Belieben rund ausstechen oder in Stücke schneiden und mit etwas Obst und ein paar Minzeblättchen dekorieren.

TIPP: *Diese Tiramisu-Variante ist gerade im Sommer eine köstliche und leichte Alternative zu der kalorienreichen üblichen Machart, die statt Magerquark Mascarpone für die Zubereitung vorsieht.*

ZUTATEN *(für 6 Personen)*

FÜR DIE LITCHIMOUSSE:
400 g Litchis (Dose)
2 Eiweiß
150 ml Sahne (Fettgehalt mind. 30 %)
70 g Zucker
2 Blatt Gelatine
1 EL Himbeersauce (nach Belieben)

FÜR DAS GRAPEFRUITGELEE:
300 ml Saft einer Pink Grapefruit
2 Blatt Gelatine

AUSSERDEM:
2 Pink Grapefruits
Dekor aus weißer Schokolade
Zuckerperlen

Litchimousse

MIT GRAPEFRUITGELEE

ZUBEREITUNG

FÜR DIE LITCHIMOUSSE die Gelatine in kaltem Wasser einweichen. Die Litchis in ein Sieb geben und abtropfen lassen. Den Saft auffangen und 6 ganze Früchte beiseitelegen. Die restlichen Litchis fein pürieren.

VON DEM LITCHISAFT 100 ml aufkochen und 10 Minuten kochen lassen, dann die sorgfältig ausgedrückte Gelatine einrühren. Den angedickten Saft dann zum Litchipüree geben.

DAS EIWEISS ZU SCHNEE schlagen. Sobald es schaumig wird, 40 g Zucker hinzufügen, dann weiterschlagen, bis das Eiweiß fest ist und glänzt. Vorsichtig unter das Litchipüree heben. Nach Belieben die Himbeersauce für eine intensive Rotfärbung der Mousse dazugeben. Die Sahne mit dem restlichen Zucker steif schlagen und ebenfalls unterheben. Die Mousse in die Dessertgläser geben und 2 Stunden kalt stellen.

FÜR DAS GRAPEFRUITGELEE den Grapefruitsaft aufkochen und die vorher in kaltem Wasser eingeweichte und sorgfältig ausgedrückte Gelatine darin auflösen. Abkühlen lassen und lauwarm über die Mousse geben. Für 1 Stunde an einem kühlen Ort ruhen lassen.

DIE GRAPEFRUITS schälen und das Fruchtfleisch in Spalten schneiden. Auf die Mousse in die Dessertgläser legen und mit weißer Schokolade und Zuckerperlen dekorieren.

Litchimousse

MIT GRAPEFRUITGELEE

Luftig-leichte Apfelmousse

ZUTATEN *(für 6 Personen)*
3 Äpfel
9 EL Hüttenkäse
3 Eiweiß
60 g Zucker
½ TL Zimt

Luftig-leichte Apfelmousse

ZUBEREITUNG

DEN HÜTTENKÄSE in ein Sieb geben, mit einem Geschirrtuch abdecken und mindestens 4 Stunden abtropfen lassen.

DIE ÄPFEL schälen, vom Kerngehäuse befreien und in kleine Stücke schneiden. Anschließend in einen Topf mit etwas Wasser geben, den Zimt hinzufügen. Dann bei geringer Hitze etwa 20 Minuten kochen lassen. Anschließend mit einer Gabel zerdrücken und die Masse erkalten lassen. Jetzt den gut abgetropften Hüttenkäse dazugeben.

DAS EIWEISS zu festem Schnee schlagen. Sobald es schaumig wird, den Zucker hinzugeben und weiterschlagen. Den Eischnee vorsichtig unter die Apfel-Hüttenkäse-Mischung ziehen. Auf 6 Dessertgläser oder -schälchen verteilen und für mindestens 2 Stunden kalt stellen.

VOR DEM SERVIEREN mit etwas Zimt bestäuben und mit Zimtstangen dekorieren.

ZUTATEN *(für 4 Personen)*
1 große reife Mango
35 g Zucker
20 g Puderzucker
3 Eigelb
1 Eiweiß
1 TL Vanille-Aroma

Mango-Zabaione

ZUBEREITUNG

DIE MANGO schälen und das Fruchtfleisch vom Stein schneiden, dann würfeln. Auf 4 feuerfeste Gläser verteilen.

IN EINER SCHÜSSEL das Eigelb mit dem Zucker aufschlagen. Das Vanille-Aroma hinzufügen und im Wasserbad die Mischung weiß-schaumig aufschlagen, bis sie eine cremige Konsistenz und das doppelte Volumen angenommen hat. Vom Herd nehmen und weiterschlagen, bis sie sich abgekühlt hat.

DAS EIWEISS mit dem Puderzucker zu festem Schnee schlagen und unter die Eigelb-Mischung ziehen. Dann die Schaumcreme auf die Mangostückchen in den Gläsern verteilen und für 4–5 Minuten in den auf 200 °C (Stufe 6–7) vorgeheizten Backofen geben, bis sie eine goldbraune Farbe angenommen hat. Aus dem Backofen nehmen und sofort servieren.

Mango-Zabaione

Mangomousse

MIT PASSIONSFRUCHT

TIPP: *Tapiokastärke ist eine fast geschmacksneutrale Stärke, die oft für Süßspeisen verwendet wird. Sie gibt es u. a. in Form von feinen weißen Stärke-Kügelchen (Tapioka-Perlen, auch Japan-Perlen genannt), die vor der Verwendung eingeweicht werden, in Asialäden zu kaufen.*

ZUTATEN *(für 6 Personen)*

2 Mangos
500 ml Milch
150 ml fettreduzierte süße Sahne
1 Vanilleschote
80 g Tapioka-Perlen (Stärke)
110 g Zucker
3 EL Crème fraîche
3 Passionsfrüchte

Mangomousse

MIT PASSIONSFRUCHT

ZUBEREITUNG

DIE MILCH aufkochen. Die Vanilleschote längs aufschlitzen. Das Mark herauskratzen, die Schote halbieren. Vanilleschote zusammen mit dem Vanillemark, Sahne, den Tapioka-Perlen und 50 g Zucker in die kochende Milch geben. 20 Minuten kochen lassen, dabei ab und zu umrühren. Dann von der Herdplatte nehmen.

DIE MANGOS schälen und das Fruchtfleisch vom Stein lösen und in feine Scheiben schneiden. Daraus mit einer runden Ausstechform kleine, flache, runde Scheiben herauslösen (je nach Größe 2 oder 3 pro Dessertglas) und diese jeweils an die Innenwand der Dessertgläser „ankleben". Die Sahne-Vanille-Milch in die Dessertgläser gießen und erkalten lassen.

DAS RESTLICHE Mango-Fruchtfleisch pürieren, 60 g Zucker dazugeben und auf niedriger Temperaturstufe 30 Minuten zu Kompott einkochen. Dann vom Herd nehmen und die Crème fraîche einrühren. In die Dessertgläser geben und für mindestens eine Stunde kalt stellen. Danach das Fruchtfleisch von den Passionsfrüchten klein schneiden und auf der Mangomousse verteilen. Sofort servieren.

ZUTATEN *(für 6 Personen)*
100 g Bitterschokolade
100 ml Milch
3 Eier
2 Teebeutel „Earl Grey"
130 g feiner Kristallzucker
4 Blatt Gelatine
300 ml Sahne
12 Haselnüsse

Mousse „Earl Grey"

ZUBEREITUNG

DIE SCHOKOLADE im heißen Wasserbad schmelzen. In die Dessertgläser gießen, diese etwas drehen und neigen, damit sich die Schokolade wie ein Ornament im Glas verteilt. Die Schokolade aushärten lassen.

GELATINE in kaltem Wasser einweichen. Den Tee in 200 ml kochendem Wasser 5 Minuten ziehen lassen. Mit der Milch vermengen. Eier trennen. Eigelb mit 30 g Zucker schaumig schlagen. Die Tee-Milch-Mischung dazugeben und alles etwas eindicken lassen, ohne noch einmal aufzukochen. Die Gelatine einrühren und die Masse abkühlen lassen.

DAS EIWEISS schlagen. Sobald es schaumig wird, 50 g Zucker dazugeben und weiterschlagen, bis der Eischnee fest ist und glänzt. Vorsichtig unter die Tee-Milch-Mischung heben. Sahne steif schlagen und vorsichtig unterziehen. Mousse auf die Dessertgläser verteilen und mindestens 2 Stunden an einem kühlen Ort ruhen lassen.

FÜR DIE DEKORATION die restlichen 50 g Zucker in einen kleinen Topf geben, erhitzen und unter ständigem Rühren karamellisieren. Nach 10 Minuten die Haselnüsse mit dem Karamell überziehen. Das geht gut, wenn man sie vorher auf Zahnstocher steckt. Aus dem restlichen Karamell mit einer Gabel Fäden ziehen. Dazu etwas von dem noch flüssigen karamellisierten Zucker in einen Suppenteller geben und die Gabel mehrere Male eintauchen. Zwischen den Gabelspitzen Fäden ziehen. Die Mousse mit den Karamellfäden und den Haselnüssen dekorieren.

Mousse „Earl Grey“

Mousse „Grand Marnier“

ZUTATEN *(für 4 Personen)*
40 g Bitterschokolade
80 ml Milch, 300 ml Orangensaft
2 Eier
15 g Stärkemehl
1 g Agar-Agar
2 EL Grand Marnier
120 g Zucker
100 ml süße Sahne (Fettgehalt mind. 30 %)

Mousse „Grand Marnier"

ZUBEREITUNG

DIE SCHOKOLADE in der Mikrowelle schmelzen und 5 Minuten ruhen lassen (siehe dazu Tipp auf Seite 14). Aus Pergamentpapier einen Kegel formen und die geschmolzene Schokolade einfüllen. Die Spitze abschneiden, so dass eine kleine Öffnung entsteht. Die Dessertgläser innen mit der Schokolade verzieren und trocknen lassen.

DIE MILCH zusammen mit dem Orangensaft erhitzen. Die Eier trennen. Das Eigelb mit 20 g Zucker weiß-schaumig schlagen, dann das Stärkemehl hinzufügen. Agar-Agar in die kochende Milch-Orangensaft-Mischung geben und dann über das geschlagene Eigelb gießen. Den Grand Marnier dazugeben und alles auf kleiner Stufe eindicken lassen. Vom Herd nehmen und beiseitestellen.

DANN ZUCKER (100 g) und 25 ml Wasser in einem Topf auf 110 °C erhitzen. Währenddessen das Eiweiß steif schlagen. Dann den heißen Sirup langsam darübergeben, dabei so lange weiterschlagen, bis die Masse erkaltet ist. Jetzt ein Drittel des Eischnees zügig unter die lauwarme Creme heben, die restliche Menge vorsichtig unterziehen. Die Sahne steif schlagen und ebenfalls unterheben.

DIE MOUSSE in die Dessertgläser geben und mindestens 4 Stunden kalt stellen.

ZUTATEN *(für 6 Personen)*
6 Schokokekse (Sandgebäck)

FÜR DIE MOUSSE:
250 ml Milch
2 Eier
50 g Zucker
40 g Stärkemehl
50 g Haselnusscreme
250 ml Sahne (mind. 30 % Fettgehalt)

FÜR DIE SAUCE:
100 g Bitterschokolade
80 ml Sahne

AUSSERDEM:
100 g Karamellsplitter
(gibt's fertig zu kaufen)
18 ganze Haselnüsse
60 g Zucker

Pralinémousse

MIT HASELNÜSSEN

ZUBEREITUNG

DIE SCHOKOKEKSE grob zerbröseln und in die Dessertgläser verteilen.

FÜR DIE MOUSSE die Milch aufkochen. Dann die Eier mit Zucker und Stärkemehl aufschlagen und mit der kochenden Milch übergießen. Vom Herd nehmen und eindicken lassen. Dann in eine Schüssel füllen und die Haselnusscreme hinzufügen. Mit Frischhaltefolie abdecken und erkalten lassen. Danach die Sahne steif schlagen und vorsichtig unter die erkaltete Pralinencreme ziehen. Die Mousse in die Dessertgläser verteilen und für 2 Stunden in den Kühlschrank stellen.

FÜR DIE SAUCE die Bitterschokolade in der Sahne in der Mikrowelle schmelzen (siehe dazu den Tipp von Seite 14). Dann glatt rühren und lauwarm über die Mousse in die Dessertgläser geben. Erkalten lassen.

IN EINEM KLEINEN TOPF den Zucker goldbraun karamellisieren. Die Haselnüsse 4- oder 5-mal eintunken und mit dem Karamell überziehen. Dann mit Hilfe einer Gabel auf ein Backpapier legen. Dabei jeweils genügend Abstand lassen, damit sie nicht aneinanderkleben. Aushärten lassen.

KURZ VOR DEM SERVIEREN das Dessert mit Karamellsplittern bestreuen und in der Mitte jeweils mit 3 karamellisierten Haselnüssen dekorieren.

Pralinémousse

MIT HASELNÜSSEN

Weißwein-Zabaione

MIT GEBACKENEN ERDBEEREN

TIPP: *Dieses leckere Dessert lässt sich gut um weitere Geschmacksvarianten ergänzen: Dafür zusätzlich mit feiner Schokolade und einigen Kiwischeiben dekorieren.*

ZUTATEN *(für 4 Personen)*

FÜR DIE WEISSWEIN-ZABAIONE:
2 Eigelb
100 g Zucker
250 ml Weißwein
1 Spritzer Zitronensaft
1 Schuss Orangenlikör

FÜR DEN TEIG:
200 ml Weißwein
2 Eigelb
Mark von ½ Vanilleschote
250 g Mehl

FÜR DAS ERDBEERENPÜREE:
125 g Erdbeeren
50 g Zucker
etwas Zitronensaft
etwas Orangenlikör

AUSSERDEM:
2 Eiweiß
15 g Zucker
1 Prise Salz

125 Erdbeeren
500 g Frittierfett

Weißwein-Zabaione

MIT GEBACKENEN ERDBEEREN

ZUBEREITUNG

FÜR DIE WEISSWEIN-ZABAIONE Eigelb und Zucker mit Weißwein, Zitronensaft und etwas Orangenlikör zusammen über kochendem Wasser aufschlagen, bis die Masse bindet.

FÜR DEN TEIG zunächst die Vanilleschote längst halbieren und mit einem Messer das Mark auskratzen. Weißwein mit Eigelb glatt rühren, das Vanillemark dazugeben und mit dem Mehl zu einem Teig vermengen. Ausquellen lassen.

FÜR DAS ERDBEERENPÜREE Erdbeeren mit Zucker, Zitronensaft und Orangenlikör pürieren.

DANN DIE ZWEI EIWEISS mit Zucker und Salz steif schlagen und vorsichtig unter den Teig geben. Die Erdbeeren in den Teig tauchen und kurz in dem heißen Frittierfett backen. Dann die frittierten Erdbeeren aufschneiden und zusammen mit der Weißwein-Sabaione und dem Erdbeerenpüree servieren.

Schnupper-Rezept

Lauch-Kartoffel-Cremesuppe

ZUTATEN
(für 4 Personen)
500 g Kartoffeln
3 Stangen Lauch
2 Zwiebeln
2 EL Olivenöl
1 Gemüsebrühwürfel
Salz, Pfeffer

ZUBEREITUNG
Lauch gründlich putzen, waschen und in Ringe schneiden. Kartoffeln schälen, waschen und würfeln.
Die Zwiebeln abziehen, klein schneiden und in Olivenöl bei schwacher Hitze anbräunen. Die Lauchringe und Kartoffelwürfel hinzufügen. Gut umrühren und das Gemüse weitere zehn Minuten mit anschwitzen.

Eineinhalb Liter Wasser dazugießen, den Brühwürfel zerbröseln, mit hineingeben und das Ganze ca. eine Stunde köcheln lassen. Abschließend die Suppe pürieren und mit Salz und Pfeffer würzen.

Lauch-Kartoffel-Cremesuppe

Suppen-Rezepte der „Leckere …" Erfolgsreihe.

Schnupper-Rezept

Grünkohl mit Linsen

ZUTATEN *(für 4 Personen)*

400 g Berglinsen
800 g Grünkohl
1 Stk. Ingwer (7 cm)
5 Knoblauchzehen
1 Chilischote
1 Bund Basilikum
2 Zwiebeln
Öl
Salz, Pfeffer

Leckere
Grünkohl-Rezepte
96 Seiten, Spiralbindung
€ 9,95
ISBN 978-3-7843-5138-4

ZUBEREITUNG

DIE BERGLINSEN in Wasser bissfest kochen. Den Grünkohl vom Strunk befreien, gründlich waschen, ganz fein schneiden und in reichlich Salzwasser blanchieren. Danach durch ein Sieb abgießen und abtropfen lassen.

DEN INGWER und Knoblauch schälen, die Chilischote waschen und entkernen. Das Basilikum waschen und die Blätter abzupfen. Alle Zutaten zusammen mit evtl. etwas Wasser zu einer Paste pürieren.

DIE ZWIEBELN abziehen, klein hacken und in einem Topf in Öl braten. Danach die Ingwer-Basilikum-Paste, den Grünkohl und die Linsen zugeben. Das Ganze ca. 10 Minuten kochen. Anschließend sofort heiß servieren.

... und 33 weitere verblüffend

Grünkohl mit Linsen

vielseitige Grünkohl-Rezepte der „Leckere …"-Erfolgsreihe.

LV·Buch

Wir lieben das Landleben.

...einfach

Tolle Rezepte zu den verschiedensten Themen. Keine überladenen Ideen,

Leckere
Torten-Träume
96 Seiten,
Spiralbindung
€ 9,95
ISBN 978-3-7843-5025-7

Leckere
Festtags-Torten
104 Seiten,
Spiralbindung
€ 9,95
ISBN 978-3-7843-5092-9

Leckere
Schnelle
Rührkuchen
96 Seiten,
Spiralbindung
€ 9,95
ISBN 978-3-7843-5093-6

Leckere
Kuchen-Desserts
96 Seiten,
Spiralbindung
€ 9,95
ISBN 978-3-7843-5035-6

Leckere
Einfache
Nachspeisen
96 Seiten,
Spiralbindung
€ 9,95
ISBN 978-3-7843-5149-0

Leckere
Schokoladen-
Sünden
96 Seiten,
Spiralbindung
€ 9,95
ISBN 978-3-7843-5076-9

Leckere
Erdbeer-
Zaubereien
96 Seiten,
Spiralbindung
€ 9,95
ISBN 978-3-7843-5127-8

Leckere
Marmeladen-
Rezepte
96 Seiten,
Spiralbindung
€ 9,95
ISBN 978-3-7843-5126-1

Leckere
Spargel-Rezepte
96 Seiten,
Spiralbindung
€ 9,95
ISBN 978-3-7843-5073-8

Leckere
Grünkohl-
Rezepte
96 Seiten,
Spiralbindung
€ 9,95
ISBN 978-3-7843-5138-4

Landwirtschaftsverlag Münster

lecker!

sondern einfache, kreative Gerichte. Mit praktischer Spiralbindung!

BEST SELLER Reihe

Erprobte Rezepte, spiralgebunden, für je € 9,95

Leckere Herzhafte Kuchen
96 Seiten, Spiralbindung
ISBN 978-3-7843-5044-8

Leckere Kartoffel-Rezepte
96 Seiten, Spiralbindung
€ 9,95
ISBN 978-3-7843-5105-6

Leckere Hackfleisch-Rezepte
96 Seiten, Spiralbindung
€ 9,95
ISBN 978-3-7843-5090-5

Leckere Saftige Braten
96 Seiten, Spiralbindung
€ 9,95
ISBN 978-3-7843-5158-2

Leckere Salat-Genüsse
96 Seiten, Spiralbindung
€ 9,95
ISBN 978-3-7843-5075-2

Leckere Nudel-Salate
96 Seiten, Spiralbindung
€ 9,95
ISBN 978-3-7843-5080-6

Leckere feine Suppen
96 Seiten, Spiralbindung
€ 9,95
ISBN 978-3-7843-5074-5

Leckere Wild-Rezepte
104 Seiten, Spiralbindung
€ 9,95
ISBN 978-3-7843-5091-2

Leckere Pilz-Rezepte
96 Seiten, Spiralbindung
€ 9,95
ISBN 978-3-7843-5125-4

Erhältlich in jeder Buchhandlung oder unter www.buchweltshop.de

LV·Buch im Landwirtschaftsverlag GmbH · 48084 Münster

LV·Buch
im Landwirtschaftsverlag GmbH,
48084 Münster

Impressum

FOTOS:

Titelbild: Digitalstock

Silvie Aït-Ali: 6, 13, 14, 21, 25, 26, 33, 34, 37, 45, 49, 54, 57, 60, 63, 64, 68, 71, 75, 79, 80, 83, 87

Merle Cramer, Münster: S. 38

Detlef Güthenke, Gütersloh: S. 18, 41, 53

Johanna Kaufmann: S. 10

œuvre collective: S. 22, 42, 67, 76, 84

Schlag & Schmitz GmbH, Emsdetten: S. 30

Dirk Vogel, Dortmund: S. 9, 46, 50, 72, 88

ÜBERSETZUNG UND LEKTORAT:

Sabine Deing-Westphal, Rhede

GESTALTUNG:

Monika Wagenhäuser, LV·Buch

DRUCK:

LV.Druck GmbH & Co. KG, Münster

ISBN 978-3-7843-5149-0